Für das
humanistische Gymnasium.

Rede,

gehalten

bei Übergabe des Prorektorates der Königsberger Albertus-Universität
am 15. April 1888

von

Dr. jur. Philipp Zorn,
o. ö. Professor der Rechte.

Berlin und Leipzig.
Verlag von J. Guttentag
(D. Collin)
1888.

Dem Andenken

an

meinen geliebten Großvater

Dr. Christoph von Held,

k. bayr. Schulrat und Rektor des Gymnasiums zu Bayreuth

und

meinen teuren Lehrer

Dr. Christian von Elsperger,

k. bayr. Schulrat und Rektor des Gymnasiums zu Ansbach

in dankbarer Pietät

gewidmet.

Hochgeehrte Versammlung!

Das Herkommen an unserer Albertina beruft mich, heute vor Ihnen das Wort zu ergreifen.

Wie könnte ich es, ohne zuerst dessen zu gedenken, davon unser Herz auch heute noch, wie am ersten Tage voll und schwer ist: des Hinscheidens unseres Kaisers Wilhelm, des Siegreichen auf dem Schlachtfeld, des Starken im inneren Staatsregiment, des vielgeliebten Vaters seines Volkes, des Wiederherstellers der alten, ja vielmehr des Begründers einer in unserer Geschichte nie zuvor dagewesenen neuen deutschen Herrlichkeit: des Großen. Ihn hat Gott zu seinen Vätern versammelt: zum großen Kurfürsten von Brandenburg, zum großen König von Preußen den großen Kaiser des Deutschen Reiches. —

Die glorreiche Regierungszeit Kaiser Wilhelms ist der Höhepunkt preußisch-deutscher Entwicklung seit einem Jahrtausend. Durchwandern wir im Geiste die Geschichte unseres Volkes seit der Auflösung von Karls des Großen gewaltigem Frankenreiche, so muß uns das stolze Bewußtsein erfüllen: all die seitdem dahingegangenen Jahrhunderte waren eine Vorbereitungszeit auf die Epoche Kaiser Wilhelms; es ist die größte Zeit deutscher Geschichte, die im Namen Kaiser Wilhelms umschlossen liegt und die zu durchleben uns durch Gottes Gnade beschieden war.

Eine Empfindung der Seele, wol geeignet, uns mit dem gerechten Stolze zu erfüllen, der dem Deutschen so lange gefehlt hat.

Aber es ist dafür gesorgt, daß dieser gerechte Stolz in den Grenzen der Demut bleibe. Aufgerichtet zwar ist der Bau des preußisch-deutschen Gesamtstaates durch den großen Bauherrn und seinen treuen Baumeister, die die Vorsehung uns gab. Doch wir können und dürfen uns darüber nicht täuschen: die Pfeiler und die Bausteine, auf welchen unser Reich ruht, tragen in sich keineswegs dieselbe Bürgschaft unzerbrechlicher Festigkeit, wie solche in den Fundamenten eines starken monarchischen Einheitsstaates liegt. Auch heute noch ist der monarchische Bundesstaat, wie wir ihn endlich errungen, in seiner inneren Organisation ein Problem.

Groß ist, was wir errungen. Und wir empfinden es beim Rückblick auf den Gang der deutschen Geschichte mit tiefster Bewegung:

„tantae molis erat, Romanam condere gentem.“

Aber groß auch und schwer ist die Aufgabe, die noch zu lösen: es ist die Erfüllung des Vermächtnisses, das Kaiser Wilhelm uns hinterlassen hat.

Den Tron seiner Väter hat Kaiser Friedrich bestiegen, ein Held gleich seinem Vater, gekrönt mit unvergänglichen Ruhmeskränzen, ein Liebling des deutschen Volkes von unserem ernsten Nordstrand bis zu den lachenden Fluren des Rheines und der Mosel, von den weiten Ebenen am Meere bis hinab zum ewigen Schnee der Felsen des Hochgebirges.

In Ihm lebt uns fort der Schwertesruhm der großen Hohenzollern; in Ihm lebt uns fort, daran glauben wir fest, die tief und gewissenhaft bedachte Staatsweisheit der großen Hohenzollern; in Ihm lebt uns fort die Treue, die Leben um Leben gibt und die nur mit dem letzten Atemzuge endet. Um Ihn scharen wir uns mit hoch erhobenen Händen und Herzen, Ihm gehören wir an, Sein ist unsere Treue und unser Leben.

Und um Ihn beten wir mit heißem Flehen zu Gott dem Allmächtigen und Allgütigen. — —

Unter den zalreichen und schwerwiegenden Fragen, welche heute unser öffentliches Leben bewegen und erregen, scheint mir für unser ganzes Geistesleben und insbesondre für unsere Arbeit auf den Universitäten, ja ich wage es auszusprechen geradezu für Sein oder Nichtsein unserer nicht nur altehrwürdigen, sondern auch altbewährten Universitätseinrichtungen kaum eine von höherer Bedeutung als die Frage der, neuerdings so stürmisch begehrten, radikalen Umgestaltung unserer humanistischen Gymnasien. Leider hat auch dieser Frage sich neuestens die Massenagitation bemächtigt, während doch nach den historischen Voraussetzungen sowohl wie den inneren Gründen es kaum ein Gebiet geben dürfte, das so wenig sich zur turbulenten Agitation eignet, wie diese tiefernste und überaus verwickelte Sache der Gymnasialreform.

Nur mit Zagen und Bangen ergreife auch ich das Wort in dieser Angelegenheit, erfüllt von dem Bewußtsein meiner begrenzten Urteilsfähigkeit: denn nur der Urteilsfähige hat hier die Urteilsberechtigung. Jede Massenagitation aber trägt in sich die Gefahr, das Urteil zu verwirren. Doch wir dürfen auf Grund bereits gemachter Erfahrungen das feste Vertrauen zu unserer Unterrichtsverwaltung hegen, daß nicht Massen, sondern nur gewissenhaftest erwogene Gründe die Entscheidung über Sein oder Nichtsein der humanistischen Gymnasien — denn darum handelt es sich — bestimmen werden.

Es ist in erster Linie ein innerer Beweggrund, welcher mich veranlaßt, heute und hier zur Gymnasialreform zu reden; ich kann es in Ein Wort fassen: Pietät.

Angesichts der heftigen Vorwürfe, mit welchen in Wort und Schrift heute unsere Gymnasien überschüttet werden, wäre es nach meinem Empfinden Feigheit zu schweigen, wo die Seele sich gedrängt fühlt zu dem Bekenntnisse tiefer und heißer Dankbarkeit.

Und so wollen Sie mir denn, hochgeehrte Herren und teure Kommilitonen, gestatten, jener Frage in dieser Stunde näher zu treten und wollen es auch entschuldigen, wenn die Erörterung, der Natur des Stoffes gemäß, subjektiver gefärbt ist, als dies bei einem Gegenstande statthaft wäre, welcher der Parteien Haß und Gunst längst entrückt ist. Die ganze neuere Streitlitteratur zur Frage der Gymnasialreform ist überaus subjektiv: weil man persönlich eine unerfreuliche Lebenserfahrung gemacht hat, glaubt man sich schon verpflichtet, eine Anklageschrift gegen die Gymnasien ab irato in die Massen zu schleudern; und nur wenige der Rufer im Streite halten es der Mühe wert, auch die Autorität der Geschichte bei Bildung ihres Urteils zu Rate zu ziehen. Unsere Zeit neigt ja überhaupt dazu, die Autorität der Geschichte gering zu schätzen: und doch ist das Heute nur das letzte Glied in der Kette des Werdens und das erste in derjenigen des Vergehens. Alles Leben steht im Flusse der Geschichte. Darum ist die erste Frage, welche wir in Angelegenheiten des öffentlichen Lebens uns zu stellen haben, immer: wirken die Kräfte, welche das Entstehen und Werden einer Einrichtung bedingt haben, auch heute noch fort oder sind andre Kräfte an deren Stelle getreten?

Sind wir aber von diesem Anderen nicht mit voller Klarheit und Sicherheit, sowohl nach Vorhandensein als nach Wirkung, überzeugt, dann müssen wir festhalten an der historischen Bedingtheit unseres heutigen Lebens und das lange Zeit Bewährte nicht leichthin in Frage stellen. Und in nichts wäre es unverantwortlicher, Experimente zu machen, als da, wo die Grundlagen des Geisteslebens der Nation in Frage stehen.

Freilich schallt es uns entgegen: die Gymnasien „hätten mitten im Frühlingsgrün der blühenden Gegenwart die welken Blätter der Vergangenheit behalten", darum: „écrasez l'infame!" — „seine — des Gymnasiums — Stützen sind ohnehin so hinfällig, daß jedes daran rüttelnde Element den gebrechlichen Bau zusammenstürzen zu lassen droht", „der verdummende Aberglaube wuchert fort und fort bei der höchsten Kultur" durch die Schuld der Gymnasien — „warum opfern wir noch dem klassischen Götzentum auf zertrümmerten Altären in Tempelruinen?" Der „Untergang der alten Schattenwelt" ist ja doch gewiß, schon leben wir im „Sonnenaufgang der neuen Ideale."

Dem ruhigen Leser wird es fast schwindlig zu Sinne über solch „blühenden Stil", besonders von seiten eines Vertreters „exakter Wissenschaft!"

Sind wir wirklich schon bei dem behaupteten „Sonnenaufgang der neuen Ideale"?

In einem Punkte bescheide ich mich von vornherein des Urteils. Wer könnte es übersehen, daß, seitdem Melanchthon, der große Lehrer der Deutschen, die Grundlagen unseres höheren Schulwesens gelegt, seitdem Friedrichs des Großen großer Unterrichtsminister Zedlitz den Bau Melanchthons vollendet hat, in das Geistesleben unserer Nation ein neues Element eindrang durch die ungeheueren Fortschritte und wichtigen neuen Resultate der Naturforschung? Der wäre wirklich ein „klassischer Träumer", der dies übersehen würde. Aber ist denn dies neue Element unseres Geisteslebens in unvereinbarem Gegensatz zu denjenigen Elementen, auf Grund und vermittelst derer das deutsche Volk die Führung im geistigen Wettstreit der Nationen des Erdballs sich gewann? Darf die moderne Naturforschung es wagen, den alten Elementen unserer Geistesbildung zuzurufen: ôte-toi, que je m'y mette?

So weit sind wir wol noch lange nicht. Aber je fester der nüchterne Beurteiler unserer geistigen Entwicklung jene excessiven Forderungen naturwissenschaftlicher Schwärmer abweisen muß, um so rückhaltloser wird er zugeben: daß hier in der That ein Neues vorliegt, dem im höheren Unterrichtswesen Rechnung getragen werden muß. Wenn Virchow und du Bois-Reymond, letzterer übrigens unter wärmster Anerkennung unserer „altbewährten Gymnasien“ diejenige Vorbildung, welche das Realgymnasium gewährt, als auch ausreichend für das medizinische Universitätsstudium erklären, so haben wir Anderen diesem Ausspruch uns einfach zu fügen. Nur in aller Bescheidenheit wird man geltend zu machen haben: sind nicht auch Gesichtspunkte der Gesamtbildung zu berücksichtigen gegenüber jenen Gesichtspunkten spezifisch medizinischer Vorbildung? würde nicht unsere „universitas litterarum“, das heilig gehaltene Erbteil unserer Väter, bei Erfüllung jener Forderung des „auch“ rettungslos verloren sein? (s. hierher auch das im „Nachwort“ mitgeteilte Urteil des Physiologen Hermann.) Eine gewissenhafte Unterrichtsverwaltung muß diesen Punkt jedenfalls erwägen. Und sie wird es thun: des sind wir unbesorgt.

Wenn wir freilich gedruckt (Preyer, Physiolog in Jena: „Naturforschung und Schule“, 1887, S. 34) — gedruckt, also doch zuvor überlegt! — lesen: das Griechischlernen erschwere das Erlernen der Heilkunst in hohem Grade und schade darum auch den Patienten; zu einem Arzt, welcher Euripides fließend übersetzt, hätten die Patienten, die dies wissen, schon deshalb kein Vertrauen: dann fehlt uns der Boden für die Verständigung. Der Versuch einer solchen müßte an denselben Hindernissen scheitern, an welchen der Versuch eines Zwiegespräches zwischen einem Chinesen und einem Deutschen scheitern müßte, von denen jeder Teil nur seine eigene Sprache versteht.

In gleicher Weise bescheiden wir uns, zu urteilen über die Gestaltung des naturwissenschaftlichen Unterrichtes in den Gymnasien. Die Aufnahme ist erfolgt: ob noch eine weitere Ausdehnung möglich oder zweckmäßig sei, bleibe dahingestellt. Nur gegen Eines muß für alle Fälle Verwahrung eingelegt werden: dagegen, daß unseren Kindern und sei es auch unter der Firma der „Gesetzmäßigkeit alles Geschehens“ naturwissenschaftliche Hypothesen als Lernstoff geboten werden. Solche unreife Kost wäre verhängnisvoll für den jugendlichen Geist (s. hierüber auch Hermanns Urteil im „Nachwort“). Es wird, wie mir scheinen will, bei den neuesten Reformvorschlägen überhaupt viel zu sehr außer acht gelassen: daß es sich doch bei der durch das Gymnasium zu bietenden Bildung nur um die Darreichung desjenigen Stoffes handelt, aus welchem der künftige Mann selbst seine Persönlichkeit zu gestalten vermag. Die Schule vermag für dies höchste und letzte Ziel allerwege nur die Anregung zu bieten, den Weg zu weisen: gehen muß ihn der Mensch selbst.

Unangetastet bleibe ferner die Stellung der Mathematik im Gymnasium. Diese Stellung ist eine sehr bedeutende, und Mathematiker selbst haben den Zweifel geäußert, ob die in dieser Disciplin vom Gymnasium heute gestellten Anforderungen nicht bereits das rechte Maß überschreiten. Ich enthalte mich auch hierüber im Bewußtsein meiner Inkompetenz des Urteils, bezeuge nur, daß bereits in meiner Gymnasiastenzeit rund die Hälfte der ganzen häuslichen Arbeit auf die Mathematik entfiel und daß ich persönlich damals schon dieses Verhältnis als ein ungehöriges empfand und heute noch empfinde. Der hohe formale Bildungswert der Mathematik für den jugendlichen Geist darf und soll nicht geleugnet, nur auch andrerseits nicht übertrieben werden: er ist und bleibt ein formaler. Ein Mathematiker ist es, welcher bezeugt: „eine Anstalt, welche kein anderes Unterrichtsmittel hätte als die Mathematik, ja welche die Mathematik auch nur als vorwiegendes Unterrichtsmittel hätte, müßte bald in einen toten Mechanismus und äußeren Formalismus verfallen, weil ihr die bessere Substanz, an der sich der menschliche Geist erquickt und nährt, fehlte."

Die wichtige Stellung der Mathematik im Unterrichtssystem der Gymnasien ist neueren Ursprunges: dem alten Gymnasium fehlte dieser Unterrichtszweig, wenigstens in seiner heutigen Bedeutung. Schon von hieraus ergibt sich die Nichtberechtigung des Vorwurfes, daß die Gymnasien sich starr der neueren Entwicklung unseres Geisteslebens verschlossen hätten, fußend auf dem Prinzipe des Jesuitenordens: sint ut sunt, aut non sint. Und um so lebhafter muß es betont werden, daß die Gymnasien durch die der Mathematik zugewiesene Stellung modernen Entwicklungen Rechnung zu tragen nicht gezögert haben, als dieser Entschluß im Hinblick auf die altbewährten Gymnasialeinrichtungen in der That ein schweres Bedenken in sich trug.

Das tiefste Geheimnis aller erfolgreichen Arbeit liegt in der Konzentration.

Das alte Gymnasium besaß diese Konzentration in hohem Grade auf der Grundlage des klassischen Altertumes. Auf diese Grundlage vermochte die Mathematik in dem ihr als Lehrzweig der Gymnasien gegebenen Umfange nicht gestellt zu werden. Wer sich einigermaßen in die Einrichtungen des alten Gymnasiums hineinzudenken vermocht hat — als typisches Beispiel möchte ich die berühmte sächsische Fürstenschule Schulpforta nennen — der vermag es wol zu ermessen, was jener Verzicht auf Konzentration zu bedeuten hatte. Doch dieser Entwickelungsgang zur Duplizität war unvermeidlich, bedingt aber keineswegs die Konsequenz, daß die Tage des klassischen Altertums in den Gymnasien überhaupt gezält seien.

Für den mathematischen Unterrichtsstoff hat der erforderliche Raum beschafft werden müssen und ist in völlig ausreichender Weise beschafft worden. Aber der Kern des alten Gymnasiums ist dadurch doch nicht berührt worden: noch heute ist das Gymnasium im wesentlichen die von Melanchthon organisierte Lehranstalt, deren Mittelpunkt das klassische Altertum bildet. Die Aufgabe dieser Lehranstalt war, ist und wird immer bleiben müssen: den Geist und die Seele des Jünglings in formaler und materieller Beziehung so zu entwickeln, daß der Mann fähig sei, seine Aufgabe in den höheren Berufsarten ganz zu erfüllen. Das Gymnasium hat die allgemeine Grundlage für die höheren Berufsarten zu bieten; die Universität hat diese allgemeine Grundlage zu vertiefen und zu befestigen und hat auf dieser allgemeinen Grundlage den Bau der speziellen Vorbildung aufzuführen. Mit den Mitteln, welche Gymnasium und Universität ihm gegeben, muß dann der Jüngling hinaus ins feindliche Leben und muß darin als Mann bestehen können (s. auch hierüber das Urteil Hermanns im „Nachwort").

Vermag das Gymnasium wirklich dieser Aufgabe nicht oder nicht mehr zu genügen?

Wenn man die neuesten Streitschriften gegen die humanistischen Gymnasien durchliest, so müßte man geradezu in verzweifelten Schrecken geraten über den trostlosen Zustand, in welchem das Geistesleben der höheren Schichten unserer Nation, ja nicht nur das Geistesleben, sondern auch der körperliche Zustand durch die Schuld der Gymnasien sich befindet. Geistige Apathie beherrscht danach diese Schichten und ihr körperlicher Zustand befähigt nur den kleineren Teil zum Waffendienst, und daß letzteres überhaupt noch vorkommt, ist bei dem allen Anforderungen der Physiologie Hohn sprechenden Unterrichtsbetrieb auf den Gymnasien ein Wunder zu nennen.

Man fragt sich bei dieser Lektüre oft, ob man wache oder träume.

Ist es denn nicht dies deutsche Volk, dessen obere Zehntausend die Grundlagen ihrer Bildung, nein, ich sage vielmehr die Grundbedingungen ihrer Persönlichkeit von jenen geschmähten und begeiferten Gymnasien empfangen haben? dasselbe deutsche Volk, das in allen Zweigen des menschlichen Geisteslebens so Großes und Erhabenes geleistet hat? dasselbe Volk, das nach dem jüngst veröffentlichten und eingehend begründeten Zeugnis des Engländers Lord Acton im XIX. Jahrhundert die reichste und vollendetste Geschichtschreibung aufzuweisen hat? dasselbe Volk, welches in den Naturwissenschaften mindestens ebenso Großes geleistet hat, wie irgend eine andere Nation der Welt? dasselbe Volk, welches sich eines Beamtenstandes erfreut, wie keine andere Nation? dasselbe Volk, welches nach glorreichsten Siegen auf dem Schlachtfelde eine übergroße Fülle gesetzgeberischer Arbeit bewältigt hat, von deren Umfang und Schwierigkeit freilich nur wenige sich die richtige Vorstellung zu bilden vermögen? Mit Grund bleiben die Resultate der theologischen und philologischen Arbeit unerwähnt.

Nicht eitlen Ruhmes willen rede ich davon. Aber es ist doch eine geradezu verbrecherische Torheit zu behaupten: durch den „toten Kram" der Gymnasialbildung sei in unserem Volke der „Geist abgestumpft" und die „Spannkraft gelähmt".

Keinem Volke der Welt hat in diesen letzten Jahrzehnten die Vorsehung so hohe und gewaltige Aufgaben gestellt wie dem deutschen. Und mit demütigem Stolze dürfen und müssen wir es bekennen: wir waren diesen hohen und gewaltigen Aufgaben gewachsen. Das Geschlecht aber, das diese Aufgaben gelöst hat, ist vorwiegend in den humanistischen Gymnasien ausgebildet, und wir alle brauchen es uns nicht gefallen lassen, wenn Preyer behauptet, der nach seinem Rezept vorgebildete Jüngling werde dem Vaterlande bessere Dienste leisten, als ihm jetzt geleistet werden.

Doch wir wollen nicht in den Fehler der Gegner verfallen; wer's mit den Gymnasien gut meint, wird warnen vor satter Selbstgenugsamkeit und Reformvorschläge, wenn anders sie nicht von vornherein unverständig erscheinen, sorgsam prüfen.

Wenig Anfechtung erfährt, soviel ich sehe, in den neueren Streitschriften der Religionsunterricht.

Es gab eine Zeit, da war Deutschland tiefbewegt von der Frage: ist die Idealwelt des klassischen, insbesondere des hellenischen Altertums vereinbar mit der Welt des Christentums? Gelehrte Hellenisten erklärten sich mit Stolz als Heiden und die verordneten Wächter des Christentums warnten vor der Lebensfrische und freudigen Sinnlichkeit des Griechentums. Kein Zweifel, daß für den gelehrten Forscher dieser Gegensatz zwischen den Göttern Griechenlands und dem Christengotte vorhanden ist, und auch das mag zugegeben werden, für den Forscher und Gelehrten ist dieser Gegensatz unausgleichbar.

Aber man darf es doch mit voller Bestimmtheit aussprechen: heute ist die Zeit vorüber, wo jener Gegensatz auch auf die Gymnasien einzuwirken schien. Durchs klassische Altertum leidet heute kein Gymnasiast mehr Schiffbruch an der christlichen Offenbarung; auch die wunderbare Schönheit und Harmonie der griechischen Welt, das Höchste an Schönheit und Harmonie, was der Menschengeist gestaltet, mußte sterben; auch die Welt der Hellenen war nur ein Zuchtmeister auf Christum.

Nägelsbach, einer jener herrlichen Menschen aus dem Kreise fränkischer Schulmänner, welchen ein Denkmal der Pietät zu setzen meine Worte heute bestimmt sind, hat sterbend seinen Glauben in die Worte gefaßt: „Notwendigkeit der klassischen Bildung, sonst bricht die Barbarei mit Macht über uns herein, aber auch Unentbehrlichkeit einer gründlichen Kenntnis des Evangeliums, sonst bleibt das klassische Altertum nicht nur unverstanden, sondern es bringt uns ein unheilvolles Heidentum."

Im Rahmen des Christentums hat unsere germanische Welt die hohe Kultur des klassischen Altertums in sich aufgenommen und in diesem Rahmen bewegt unsere germanische Welt sich bis zu dieser Stunde. Darum ist der christliche Religionsunterricht obligatorischer Lehrgegenstand durch alle Klassen des Gymnasiums.

Ich will daran gewiß nicht rütteln. Aber eins kann ich nicht unterdrücken: in den obersten Klassen des Gymnasiums ist jeder schlechte, ja nur unbedeutende Religionsunterricht eine Gefar für die Religion selbst. Religion kann nicht gelehrt werden. Die christlich-konfessionellen Lehrsätze aber, soweit sie für Knaben und Jünglinge lernbar sind, müssen im Zeitpunkt der Konfirmation durchgearbeitet sein. Ein fruchtbarer weiterer Religionsunterricht erscheint außerordentlich schwer und kaum anders als in Form akademischer Vorlesungen denkbar. Freilich, wer etwa nach der Art von Luthardts Apologie des Christentums in Prima den rechten Religionsunterricht erteilt hätte, der hätte seinen Schülern ein gewaltiges Rüstzeug fürs Leben mitgegeben.

Aber ich bekenne offen, die Gefaren erscheinen mir auf Grund persönlicher Erfahrung überwiegend und ich könnte, insbesondere auch im Hinblick auf den modernen Überbürdungsjammer, ohne Bedenken mit du Bois Reymond dafür mich entscheiden, daß der Religionsunterricht in Prima wegfiele.[1]) In der Reifeprüfung allerdings muß der Nachweis der Kenntnis und des Verständnisses der Grundlehren des Christentums und der Unterscheidungslehren der besonderen Konfession gefordert werden.

Und das Eifern gegen den toten Kram der „veralteten Kirchenlieder" sei denen überlassen, welche weder die Poesie des evangelischen Kirchenliedes empfinden können, noch es je in schweren Stunden des Lebens erfahren haben, wie der gesungene oder gesprochene oder gebetete Vers eines „veralteten" Kirchenliedes die Seele stille zu machen vermag. —

Im Vordergrund der modernen Reformvorschläge stehen Deutsch und Geschichte. Mit dem Grundgedanken, von welchem aus hier Forderungen erhoben werden, muß man völlig einverstanden sein. Das Gymnasium soll die Persönlichkeit dahin entwickeln, daß sie dereinst fähig sei, wenn der Jüngling zum Manne gereift ist, ihrer Aufgabe in jedem höheren Berufe voll zu genügen. Jeder dieser Berufe ist ein deutscher Beruf. Die Arbeit fürs deutsche Volk und den deutschen Staat ist Anfang und Ende aller Gymnasialbildung. Preyer ruft aus: „der Schüler soll als Patriot mit festen sittlichen Grundsätzen und tauglich zu seinem wissenschaftlichen oder anderen höheren Beruf ins Leben treten". Der zweite Teil des Satzes ist vollkommen richtig; der erste geht von einem richtigen Gedanken aus, ist aber in seiner Formulieruug eine jener

[1]) Mit aller Vorsicht spreche ich dies Urteil aus. Und dies noch besonders zu betonen erachte ich als Pflicht, nachdem mir von seiten eines Religionslehrers ernste Bedenken gegen jenes Urteil ausgesprochen wurden, allerdings eines Lehrers, dessen Unterricht sicherlich die vorhin bezeichneten hohen Anforderungen erfüllt. Solcher Unterricht ist ein Glück für die Schüler, aber ich fürchte, er wird nicht die Regel, sondern seltene Ausnahme sein.

Übertreibungen, durch welche die Preyersche Schrift jeden Wert verliert. Denn feste Grunsätze kann der Jüngling noch gar nicht haben; das würde nur wieder zu den unreifen und weiterhin bis zum Verbrechen gesteigerten Torheiten der alten Burschenschaft, die doch gewiß von reinen Beweggründen beherrscht war, führen; aber das Gymnasium soll dem Jüngling das Material bieten, diese festen Grundsätze sich selbst als Mann zu gestalten, fest zu werden. Die weitere Klage: der Gymnasiast erfährt nichts von der Reichsverfassung, nichts von der Verwaltung und Rechtspflege in Deutschland — kann doch kaum mehr als ein Lächeln hervorrufen.

Aber befreit von diesen Übertreibungen ist der vorhin bezeichnete deutsche Gedanke richtig. Würde es sich in Wirklichkeit so verhalten, daß die intensive Beschäftigung mit dem klassischen Altertum den Sinn für die großen Aufgaben des deutschen Volkes ertöte oder nur abschwäche, wir müßten alle mit lauter Stimme rufen: Fort mit dem klassischen Altertum! Und ein Verräter am deutschen Volke wäre der Kultusminister, der auch nur einen Tag zögerte, die Altäre des klassischen Altertums in den deutschen Gymnasien zu zerstören. —

„Und vollends—so fragt von Richthofen (zur Gymnasialreform in Preußen, 1887) — die Begeisterung für die großen unser Volk bewegenden Zeitfragen! Wo läge die Anregung, welche hierzu von unseren Gymnasien den Schülern auf die Universität mitgegeben wird?"

Die Antwort auf diese Frage liegt in der deutschen Geschichte der letzten Jahrzehnte. Wir haben in dieser Zeit Momente nationaler Begeisterung erlebt, wie sie die deutsche Geschichte nur selten aufzuweisen hat. Und die Führer des Volkes waren ja der Natur der Sache nach immer Männer, welche aus den Gymnasien hervorgegangen waren. Die Gymnasien sollen den vaterländischen Sinn schwächen: irre ich nicht, so ist gerade in unserer Jugend der vaterländische Sinn heute stärker und thatkräftiger als seit lange. —

Aber ich wiederhole, der Gedanke ist richtig: Deutsche Männer, nicht „klassische Träumer" sollen unsere Gymnasiasten werden.

Es fragt sich nur, inwieweit die Reformvorschläge bezüglich des deutschen Unterrichts begründet sind. Zunächst wird bei dem entsetzten Ausruf: 9 Stunden Latein und nur 2 oder 3 Stunden Deutsch! vergessen, daß auch der altsprachliche Unterricht in weitem Umfange deutscher Unterricht ist, ja nicht dieser allein, vielmehr jeder Unterricht. Ich verliere kein Wort darüber, wie vorzüglich bildend in der Muttersprache die Übersetzungen aus den alten Klassikern sind; das wird ja eigentlich auch nicht bestritten und ist von niemand Geringerem bezeugt, als von unserem, in dieser Frage gewiß unparteiischen großen König Friedrich II. Bei jeder Antwort, die der Schüler dem Lehrer giebt, wird dieser den richtigen deutschen Ausdruck beaufsichtigen und pflegen. Die Klagen über mangelhaftes Deutsch bei den Universitätsprüfungen sind allerdings ziemlich allgemein; oft habe ich mir selbst bei der Censur juristischer Prüfungsarbeiten die Frage vorgelegt, woher rührt die so häufig zu beklagende Mißhandlung der herrlichen Muttersprache? Aber es scheint mir immer noch am wahrscheinlichsten: daß der Student durch Nichtübung eingebüßt hat, was der Gymnasiast sich erworben hatte.

Denn auf den deutschen Aufsatz legen die Gymnasien, wie mir alle durchgesehenen Programme bewiesen haben, um von der eigenen Erfahrung zu schweigen, ein hohes und entscheidendes Gewicht. Ich glaube dies im Gegensatz zu von Richthofen ganz ausdrücklich feststellen zu müssen. Auch die Forderung Richthofens, den deutschen Aufsatz mit der deutschen Geschichte und Litteratur in engeren Zusammenhang zu bringen, wird, soweit ich mich zu informieren vermochte, berücksichtigt; die von Richthofen vorgeschlagenen Aufsatzthemata allerdings sind nach meinem bescheidenen Ermessen fast durchweg ungeeignet; nur ein Beispiel: „welchen Einfluß hat die Stiftung der Akademie der Wissenschaften auf die Ausbildung unserer Muttersprache gehabt?"

Inwieweit ein festes System deutscher Grammatik in den Gymnasien gelehrt werden könnte, wage ich nicht zu beurteilen. Die Deklamationsübungen noch weiter auszudehnen, erscheint nicht unbedenklich: sie werden ja gepflegt, aber eine Gefar darf nicht aus dem Auge verloren werden: daß die Schule sich ängstlich hüten muß, im Kinde und im Jüngling die fast immer vorhandene Anlage zum Komödiantentum, das den Wahrheitssinn gefährdet, auszubilden. Die Anregung, auf die Abfassung von Briefen höheres Gewicht zu legen, ist dankenswert. Es ist eine große Kunst, gute Briefe zu schreiben. Und welche Schätze sind unserem Volk in der jüngsten Zeit aus Briefen seiner großen Männer erschlossen worden! Aber man verspreche sich davon nicht zu viel. Es giebt nichts Höchstpersönlicheres als Briefe, falls sie überhaupt mehr sind als „Quittungen". Die tiefsten und schönsten Briefe bekommen ihren Inhalt nur durch die Adresse. Wo die Adresse fehlt, kann von einem Briefe nur der Form nach die Rede sein.

Übungen im Vortrag sind gewiß sehr nützlich; wenn aber Preyer glaubt, man könne im Gymnasium Redner ausbilden, so ist dies ebenso falsch wie die Behauptung, unsere Parlamente zeichneten sich durch Mangel an Rednern aus. Die Entwickelung unserer Sprache, soweit dies dem jugendlichen Geiste angemessen, im Gymnasialunterricht zu zeigen und daran auch Lektüre altdeutscher Texte zu knüpfen, erscheint dringend wünschenswert. Mit wahrer Freude gedenke ich der Lektüre des Nibelungenliedes und Walthers von der Vogelweide in Unterprima; mit Begeisterung folgten wir fast alle dieser Lektüre und wußten ohne Zwang viele der herrlichsten Lieder unseres größten mittelalterlichen Sängers auswendig.

So mag der Unterricht im Deutschen vielleicht da oder dort der Ergänzung oder des methodischen Ausbaues fähig und bedürftig sein; schwere Bedenken lassen sich nach dieser Richtung aber gegen die Gymnasien nicht geltend machen, es sei denn das eine, welches, wenn es zutrifft, in der That sehr schwer wiegt: daß der deutsche Unterricht des festen und streng gewahrten Zusammenhanges mit dem altsprachlichen und historischen Unterricht entbehrt. Alle übrigen Pfeile, die man aus dem deutschen Unterricht gegen die Gymnasien entnehmen will, sind stumpf: man wiege sich doch nicht in der schwer begreiflichen Täuschung, als könne durch Unterricht jeder X. ein guter Redner oder ein glänzender Schriftsteller werden. Nur dem Talent die Wege zu weisen, kann Aufgabe des Unterrichts sein. Daß der deutsche Unterricht der „legitime Erbe" des lateinischen sei (Paulsen: Geschichte des gelehrten Unterrichts, 1885, S. 764), ist nach meiner Überzeugung unmöglich; daß aber ersterer „zu den in jeder Hinsicht unentwickeltsten und häufig auch vernachlässigtsten" Unterrichtszweigen gehöre (Paulsen), ist nicht richtig. Wäre es richtig, so müßte unbedingt Abhülfe geschaffen werden.

Nicht minder ist der Gedanke zu billigen, auf Grund dessen eine Verstärkung des Geschichtsunterrichtes gefordert wird. Die Geschichte als Bildungs- und Erziehungselement kann nicht hoch genug geschätzt werden. Und zwar gilt dies keineswegs blos für die Schule, sondern für das ganze Leben. Aber freilich: wer die Geschichte im Auswendiglernen von Zalen und Daten sieht, ist ein armseliger Pfuscher. Das, worauf es im Gymnasium allein ankommen kann, sind die welthistorischen Zusammenhänge; der ganze Geschichtsunterricht muß sein: preußisch-deutsche Geschichte in universalhistorischem Rahmen. Dadurch gewinnt der Jüngling die Anregungen, welche ihn befähigen, als Mann dies wertvollste Bildungsmittel weiter zu pflegen und dadurch befestigt sich schon im Jüngling das Gesetz: daß alles Seiende und Werdende im Staatsleben nicht aprioristisch konstruiert, sondern historisch abgeleitet und entwickelt werden muß. Von der historischen Kenntnis und Erkenntnis ist insbesondre ein gesundes politisches Denken abhängig: die Geschichte zeigt uns, wie alle Entwickelung der Menschheit ein Kompromiß ist zwischen widerstreitenden Elementen und bewahrt uns dadurch vor jener öden Kritik, die immer nur ein Nein hat, wenn der zu machende Fortschritt nicht ganz ihrer Meinung entspricht; die Geschichte führt uns durch die nie rastende Entwickelung der Menschheit und bewahrt uns dadurch andrerseits auch davor, abgestorbene Einrichtungen und Verhältnisse in falschem Konservatismus bewahren zu wollen.

Ob die der Geschichte in unseren Gymnasien zugewiesene Zeit ausreicht, lasse ich dahingestellt. Die älteste Geschichte kann sehr kursorisch behandelt werden; auch in der griechischen und römischen Geschichte ist nicht auf Einzelheiten, sondern nur auf die großen Zusammenhänge, insbesondre auch auf Kultur- und Litteraturgeschichte, Wert zu legen; ebenso in der Geschichte der außerdeutschen Völker; in der preußisch-deutschen Geschichte dagegen müssen dem das Gymnasium verlassenden Schüler auch trotz allen Geschreies über den toten Kram von Jahreszalen und Daten alle wichtigeren Einzelmomente sofort gegenwärtig sein. Der neuerdings erteilte Ratschlag (von Richthofen), die Geschichte des Mittelalters ganz kursorisch zu behandeln, kann nur aus bedauerlicher Unkenntnis der universalhistorischen Entwickelung erklärt werden. Eine eingehendere Behandlung der neuesten Geschichte seit 1815 (von Richthofen) könnte ich nicht befürworten: die Kenntnis der wichtigsten Thatsachen genügt; ein mehreres ist sogar geradezu schädlich; denn die neueste Geschichte ist Politik und steht mitten inne in der Parteien Haß und Gunst: ein akademischer Vortrag des Lehrers in den letzten Wochen der Schulzeit unter sorgfältiger Fernhaltung der Politik ist das Einzige, was mir nach dieser Richtung empfehlenswert erscheint.

Der Gymnasialunterricht in der Geschichte trägt eine ungeheure Verantwortlichkeit in sich; er kann überdies dem Schüler zum edelsten Genusse gemacht werden. Mit tiefer Dankbarkeit gedenke ich des herrlichen Geschichtsunterrichts in Ober-Prima, der meine ganze Entwickelung aufs mächtigste beeinflußt hat. Das letzte Wort unseres ehrwürdigen Direktors war die deutsche Einheit: die Deutschen jenseits des Mains waren herrlich geeint, wir aber standen noch draußen vor der Schwelle des deutschen Hauses. Wie ein heiliges Vermächtnis nahmen wir es mit hinaus ins Leben, daß wir nicht ruhen und nicht rasten dürften, bis auch wir aufgenommen seien in das große deutsche Haus und daß nichts auf Erden uns höher sein dürfe als dies neu geeinte deutsche Vaterland.

Aber zwei Dinge sind zu fordern: einmal der enge und feste Zusammenhang des Geschichtsunterrichts mit dem Unterricht in den klassischen Sprachen und dem Deutschen: wie ein Lehrer die Lehrfähigkeit für Geschichte, losgelöst von Deutsch und den klassischen Sprachen, haben soll, ist mir geradezu unverständlich. Und zweitens: den Geschichtsunterricht in den oberen Klassen, wenn möglich in allen, müssen ernste ausgereifte, im Examen des Lebens bestandene Männer erteilen. Vor dem 35. Lebensjahre sollte nur ein Lehrer von ausnahmsweise großer Bedeutung Geschichte unterrichten dürfen.

Wird diesen beiden Forderungen genügt, dann kann der Geschichtsunterricht eine ungeheure Kraft für die geistige Bildung und die sittliche Erziehung der Nation sein. Die beste Anweisung für den Geschichtsunterricht, viel besser als diejenige des preußischen Lehrplanes von 1882, ist enthalten in Friedrichs des Großen herrlicher Abhandlung: de la littérature allemande von 1780; diese Anweisung sollte man im preußischen Lehrplan einfach abdrucken: — „der Geschichtslehrer — so erklärt der große königliche Pädagog — darf sich nicht darauf beschränken, Fakta im Gedächtnisse seiner Schüler aufzuhäufen, sondern wird darauf hinarbeiten, ihr Urteil zu bilden (hauptsächlich auf dem Wege vergleichender Betrachtung), ihre Denkweise zu berichtigen, ihre Gesinnung zu veredeln, was dann allen unverdauten Kenntnissen, mit denen man die Köpfe vollpfropft, vorzuziehen."

Zur Geographie nur ein kurzes Wort. Inwieweit physikalische Geographie in den Gymnasien getrieben werden soll, lasse ich dahingestellt. Deskriptive Geographie aber sollte bis in die obersten Klassen fortgesetzt werden: es handelt sich hier um Dinge, welche festzuhalten meist lediglich Sache des Gedächtnisses ist, welche nicht zu wissen aber eine Schande ist. Das Gymnasium muß von seinen abgehenden Schülern einen prompten Schatz positiver Kenntnisse in Erd- und Völkerkunde fordern.

Ich wende mich den fremden Sprachen zu, denen weit über die Hälfte der ganzen Unterrichtszeit in unseren Gymnasien gewidmet ist. Um die fremden Sprachen dreht sich hauptsächlich der Kampf, der unsere Gymnasien heute wild umtobt. Der „tote Kram" der alten Sprachen soll auf ein Minimum reduziert und demnächst ganz beseitigt werden; den neuen Sprachen dagegen soll ein sehr viel breiterer Raum im Gymnasialunterricht eingeräumt werden.

Ohne Wanken und ohne Schwanken bekenne ich mich laut zum entgegengesetzten Prinzipe und stehe nicht an, aus tiefer Seele mein schmerzliches Bedauern auszusprechen, daß die preußische Unterrichtsverwaltung, wenn sie auch gottlob im ersten Punkt fest geblieben ist, doch im zweiten der ungestümen Forderung dessen, „was sie den Geist der Zeiten nennen", nachgegeben hat.

Dabei weiß ich mich völlig frei von Unterschätzung der neueren Sprachen: ich habe, und muß schon Ihre Verzeihung für diese höchst persönlichen Bemerkungen erbitten, teils aus Neigung, teils behufs wissenschaftlicher Arbeiten sowohl im Völker- als Kirchen- und Staatsrecht, neben der französischen die englische, italienische, dänische und holländische Sprache bis zu fließender Lektüre mir anzueignen die Notwendigkeit gehabt und den Wert dieser Sprachkenntnisse stets hoch geschätzt. Aber ein Bildungsmittel für den jugendlich strebenden Geist ist keine dieser Sprachen auch nur annähernd in gleichem Sinne wie die deutsche Sprache, die Geschichte und die klassischen Sprachen. Es ist nach meiner tiefbegründeten Überzeugung einfach falsch, daß, wie Preyer behauptet, „die englische und französische Litteratur jetzt viel mehr vorzüglich zur Bildung des Jünglings geeignete Werke" bieten als die altklassische Litteratur.

Ein Jahr nachdem unsere Kinder Latein begonnen, kaum vertraut mit den Grundlagen der fremden Sprache, werden in das kleine Köpfchen die Elemente einer zweiten fremden Sprache hineingezwängt, auf Quinta in 4, auf Quarta gar in 5 Stunden wöchentlich! Das ist — man verzeihe das harte Wort — eine Sünde wider den heiligen Geist. Mit 10 Jahren eine, mit 11 eine zweite fremde Sprache lernen zu müssen, ist schon an sich zu viel; gerade das Französische aber verwirrt die Systematik des Lateinischen aus offen zu Tage liegenden Gründen und verdirbt den kleinen Kopf für die Aufnahme des herrlichen Baues der griechischen Sprache. Hat dagegen der jugendliche Geist die Fundamente des Lateinischen in sich aufgenommen, dann bewältigt der Jüngling das Französische spielend, ja ein einigermaßen begabter Schüler lernt daneben noch Italienisch und Englisch für sich. Wenn man den Beginn des Französischen auf Unter-Sekunda verweist, wird man nach meiner festen Überzeugung ebenso gute oder ebenso schlechte Resultate mit diesem Unterricht erzielen wie jetzt und dafür den ungeheuren Vorteil ernten: daß der Unterricht in den klassischen Sprachen wieder eine Konzentration empfangen kann, die ihm jetzt verloren gegangen zu sein scheint.

Das Ziel des französischen Unterrichtes auf den Gymnasien kann nur sein, Französisch lesen zu lernen: Zeitungen, historische und andere wissenschaftliche Werke, leichtere Dichter. Die Behauptung, daß dem Unterricht „ein leiser Anflug von Lächerlichkeit" (von Richthofen) anhafte, wenn er als Ziel nicht das Sprechen verfolge, ist gewiß unhaltbar. Man verdopple noch die jetzige exorbitante Stundenzahl und man wird jenes Ziel doch nicht erreichen!

Die Fähigkeit, eine fremde Sprache zu sprechen, erwirbt sich, ganz ausnahmsweise Verhältnisse abgerechnet, nur durch Übung im fremden Lande oder durch die — Bonne. Doch der unwürdige Zustand, daß deutsche Kinder vor ihrer Muttersprache wie Papageien Französisch lernen, ist ja Gott sei Dank im Verschwinden begriffen. Wenn Preyer fordert, der abgehende Gymnasiast solle Macaulay oder Thiers lesen können, so ist dem beizupflichten; Englisch freilich wird wol fakultativ bleiben müssen; französische Historiker aber muß jeder gewissenhafte Schüler lesen können, wenn er von Untersekunda ab wöchentlich 2 Stunden französischen Unterricht genossen hat (vgl. hierher auch die Bemerkungen von Hermann, S. 49).

Mehr zu fordern ist verderblich. Der gegenwärtige Zustand, der mehr fordert, aber trotz der hohen Stundenzahl doch nicht mehr erreicht, ist doppelt verderblich.

Ich komme zum klassischen Altertum. Da ist's freilich schwer, in die Arena hinabzusteigen, und fast möchte die Seele erschauern, aus dem Tempel Homers hinaustreten zu müssen auf die Gasse der Massenagitation. Wo die Einen von einem „unbedingt Höchsten", da reden die Andern von einem „blauen Dunst"; wo die Einen andachtsvolle Versenkung in ein Heiligtum fordern, da rufen die Anderen: viel besser wäre ein Kursus in Kalligraphie; wo die Einen das Ideal der Humanität, die Verwirklichung der Idee des Menschen, „die der Natur einmal gelungene vollkommene Darstellung der Gattung" erkennen, da schimpfen die Anderen auf den „erbärmlichen Zustand der alten Welt".

Das sind Gegensätze, so tief und unausgleichbar, daß die Diskussion vergeblich bleiben muß. Man versteht sich einfach nicht: da lohnt es nicht zu streiten. Aber es ist Pflicht zu bekennen: denn über dem Stimmengewirr der Massen waltet, Gott sei Dank, mit gewissenhaftester Sorge der Staat seines heiligen Amtes um die Erziehung der deutschen Jugend.

Daß ein paar Verse aus dem Schiffskatalog der Ilias mehr das Gefühl des Überschwankens in die Gottheit geben als irgend etwas von einem anderen Volke: das werden Wilhelm von Humboldt nur wenige nachzufühlen vermögen. Daß aber die jetzige Menschheit unergründlich tief sänke, wenn die Jugend den Weg zum Jahrmarkt des Lebens nicht durch den stillen Tempel der großen alten Zeiten und Menschen nähme: das werden mit Jean Paul auch heute noch viele aus tiefster Seele bekennen. Darauf hat Melanchthon unser deutsches Schulwesen begründet und der Minister Zedlitz speciell die preußischen Gymnasien ausgebaut. Das war die Überzeugung Herders, der von „mörderischen Händen" sprach, die unseren Gymnasien die klassischen Autoren entreißen wollen. Das war Göthes Überzeugung und aus dieser Überzeugung heraus hat er seine beiden herrlichsten Werke: Iphigenie und Torquato Tasso geschaffen; so dachte Hegel und erklärte die alte Welt als das „Paradies des Menschengeistes" und was man dagegen vorbringe, für „elende Gründe"; leidenschaftlich ist Schopenhauer für die alten Sprachen eingetreten und noch leidenschaftlicher thut es Eduard von Hartmann, und ein geradezu begeisterter Vorkämpfer fürs klassische Altertum war Friedrich der Große in seiner merkwürdigen Schrift: de la littérature allemande — jüngst mit Recht als ein „königliches Werk voll großer Gesichtspunkte" bezeichnet — sollen diese Namen uns heute nichts mehr gelten?! Es sind ja allerdings, um mit Preyer zu reden, durchweg „Ordinarien aus der vornaturwissenschaftlichen Zeit"!

Da ist zuerst die Grammatik, über die man klagt. Tausende von Vokabeln müssen die armen Kinder auswendig lernen, dann die zallosen grammatischen Formen: das mache allmählich den Geist geradezu denkunfähig, habe eine allgemeine Antipathie gegen die Schule und überhaupt eine vollständige Apathie der Generation zur Folge.

Ich brauche kaum hervorzuheben, daß auch hier wieder die Übertreibung der Schäden geradezu frivol ist. Blicken wir um uns im deutschen Volke und speziell auf unseren Universitäten, so mögen wir wol viel Übermut, ja Leichtsinn und Faulheit entdecken, aber eine allgemeine Denkunfähigkeit, ja gänzliche Apathie brauchen unsre jungen Leute sich doch nicht vorwerfen zu lassen. Und auch die als allgemein behauptete Antipathie der Schüler gegen Schule und Lehrer ist eine falsche Behauptung und viele mögen dieselbe geradezu als schwere persönliche Beleidigung empfinden: noch sind Dankbarkeit und Pietät in unsrer deutschen Jugend nicht ausgestorben; noch hängt die Mehrzahl der Schüler mit treuer Erinnerung an Schule und Lehrern, wie sich das oft genug bei äußeren Anlässen herrlich erweist; noch ist das Wort der Schrift eine Wahrheit unter uns: „die Lehrer werden mit viel Segen gekrönet".

Immerhin hat der Kampf gegen die Grammatik vielleicht einige Berechtigung.

Das Ziel des altsprachlichen Unterrichts auf den Gymnasien muß sein: Lektüre der klassischen Schriftsteller, Einführung in den Geist des klassischen Altertums. Diesem Ziele dient die Grammatik als Mittel. Unverkennbar ist der systematische Bau der lateinischen und mehr noch der griechischen Grammatik ein vorzügliches Mittel zur Schulung des jugendlichen Geistes, zur Gewöhnung des Knaben an Präzision und Korrektheit im Denken, Sprechen, Schreiben. Die Grammatik der alten Sprachen erzieht manche Natur viel rascher und sicherer zum logischen Denken, als es die Mathematik vermag. Die Behauptung, auch die Grammatik moderner Sprachen vermöge dies zu leisten, braucht nicht ernsthaft zurück gewiesen zu werden, und vollends der Ausspruch **Preyers**: durch die Notwendigkeit, lateinische Wortverbindungen sich anzueignen, „werde dem gesunden Menschenverstand eine Zwangsjacke angethan", richtet sich von selbst. Aber trotz dieses hohen Wertes der Grammatik als Propädeutik für das logische Denken, worauf in so weitem Umfange die spätere Mannesarbeit beruhen muß, ist die Grammatik in den Gymnasien heute nicht mehr Selbstzweck.

Man hat nun vorgeschlagen: an den Schriftstellern selbst, mit deren Lektüre alsbald zu beginnen sei, solle Grammatik gelernt werden. Das wäre geradezu verhängnisvoll für die Knaben und Jünglinge: es würde an Systemlosigkeit, Unpünktlichkeit und Ungründlichkeit, an ein der Grundlage und des Zusammenhanges entbehrendes Wissen von Fall zu Fall gewöhnen. Und wer in der Schule so gewöhnt wäre, würde im Leben so bleiben; die Hauptaufgabe der Schule: **durch Konzentration und Entwickelung der Energie den Jüngling zur Persönlichkeit zu erziehen**, wäre aufgegeben. Und doch bleibt es dabei:

„Volk und Knecht und Überwinder
Sie gestehn zu jeder Zeit:
Höchstes Glück der Erdenkinder
Ist nur die Persönlichkeit."

Also der systematische Betrieb der Grammatik muß bleiben und Vokabeln müssen gelernt werden: ohne die Grammatik ist ein Eindringen in die Schriftsteller unmöglich.

Ob heute zu viel Grammatik getrieben wird, weiß ich nicht; bei uns war es nicht der Fall: in Sekunda und Prima hatten wir überhaupt keine Grammatik mehr. Soweit ich mich über den heutigen Betrieb in den preußischen Gymnasien zu informieren vermochte, wird vielleicht die in der Zweckbestimmung der Grammatik liegende Begrenzung nicht immer richtig innegehalten. Hier ist leicht Abhülfe zu schaffen und jedenfalls liegt kein Grund vor zu dem wilden Kriegsgeheul gegen die Gymnasien.

Im Zusammenhang mit dem Kampf gegen die Grammatik stehen speziell die bald heftig, bald in düster-melancholischem Tone vorgetragenen **Überbürdungsklagen**. Nach **Preyer** ist unser Volk in den oberen Schichten durch diese Überbürdung schon halb ruiniert, und der vollständige Ruin müßte nach diesen Klagen in kürzester Frist eintreten.

Gewiß darf vom Kind und Jüngling nicht ein Maaß geistiger Arbeit gefordert werden, welches den Körper zu verderben, ja nur zu schädigen geeignet ist. Daß dies aber wirklich und zwar ganz allgemein und ganz exorbitant geschehe, davon habe ich mich nicht zu überzeugen vermocht. Weder an mir selbst noch meinen Kindern habe ich persönliche Erfahrungen gemacht, welche jene Klage bestätigten. Und dem ganzen Überbürdungsjammer muß man nach meiner Überzeugung sehr mißtrauisch gegenüber stehen. Leopold von Rankes Walspruch „labor voluptas" ist ja nicht der Walspruch der Mehrzal der Menschen. Aber gerade das ist die hauptsächliche erziehende Aufgabe der Schule: den Menschen an tüchtige Arbeit zu gewöhnen, dem Menschen die Arbeit, wenn auch nicht zur Lust, so doch zur gebieterischen Pflicht, zum kategorischen Imperativ zu machen. Wo das Kind im Elternhause und durch der Eltern Beispiel lernt, daß die Zeit nicht zum Vertrödeln, um Goethes Wort zu gebrauchen: zum Dahlen, um einen gar bezeichnenden Volksausdruck zu benützen: zum Verduseln da sei, da wird der Überbürdungsjammer sich schwerlich geltend machen: da wird nach der Arbeit für die Schule noch genug Zeit sein zum Spiel und zur Erholung. Davon bin ich felsenfest durchdrungen.

Freilich wenn es ein physiologisches Gesetz ist, daß der Mensch bei einer Arbeit nach $^3/_4$ Stunden zerstreut und nach 2 Stunden ganz abgespannt wird (Preyer), dann bleibt nichts übrig, als daß wir es zum Grundgesetz unseres Lebens machen —, so wenig als möglich zu arbeiten. Aber damit würde die Jugend selbst nicht einverstanden sein. Da ist doch Fichtes Urteil schöner: „der Jugend eigentlicher Charakter ist rastlose, nie unterbrochene Thätigkeit; natürlich und sich selbst überlassen, kann sie nie ohne Beschäftigung sein. Sie träge zu erblicken, ist der Anblick des Winters mitten im Frühling, der Anblick des Erstarrens und Verwelkens der soeben erst aufgekeimten Pflanze." Ich will gar nicht reden von dem Hochgefühl (welches doch sicherlich auch den Körper günstig beeinflußt), das der Mensch empfindet, wenn er ein besonders großes oder schweres Stück Arbeit fertig gebracht hat. Wer dies Hochgefühl auf der Schule nicht kennen gelernt hat, der wird als Mann demselben auch nicht nachstreben. Ist dies nicht ein ethisches Moment von allerernstester Bedeutung? Gott sei Dank hat es dem deutschen Volke noch nie an Männern gefehlt, deren Arbeit im Staat, in der Wissenschaft, in der Kirche beherrscht war von dem „nocturna versate manu, versate diurna“, an Männern, die mit dem Dichter ihren Söhnen zuriefen: „was du immer kannst zu werden Arbeit scheue nicht noch Wachen, aber hüte deine Seele vor dem Karrieremachen“. Wenn aber dieser armselige Überbürdungsjammer so weiter geht, wenn die Väter sich in Massenpetitionen zu Anwälten der Faulheit ihrer Söhne machen und medizinische Autoritäten noch das geweihte Öl der Wissenschaft hinzuthun, dann möchte ein Tag für unser deutsches Volk kommen, der den Zusammenbruch des stolzen Baues unserer Kultur brächte, ohne daß das geistig und seelisch erschlaffte Geschlecht mehr die Kraft hätte, die Katastrophe dieses *ἔσσεται ἦμαρ* aufzuhalten. — Es muß bei den Prinzipien des preuß. Min. R. v. 1829 bleiben: daß den Schülern der Gymnasien „ihr Vorhaben nicht zu leicht gemacht werden darf, daß ihnen vielmehr schon in der Schule und mittels derselben die Beschwerden, Mühseligkeiten und Aufopferungen, welche die unvermeidlichen Bedingungen eines erfolgreichen, dem Dienst der Wissenschaft, des Staats und der Kirche gewidmeten Lebens sind, vergegenwärtigt und sie früh an den Ernst ihres Berufs gewöhnt werden.“

Neben der Grammatik streitet man hauptsächlich um das Extemporale und den lateinischen Aufsatz Den letzteren preiszugeben, nehme ich keinen Anstand; es ist eine schwere und sehr schädliche Übertreibung, zu behaupten: mit dem lateinischen Aufsatz steht und fällt das humanistische Gymnasium. Lateinisch schreiben, wie lateinische Verse machen, sind Sache besonderer Anlage, die nur ganz ausnahmsweise vorkommt. Für denjenigen, der die Anlage nicht hat, ist die Aufgabe eine Qual; mit der Bestimmung, die das Gymnasium zu erfüllen hat, steht der lateinische Aufsatz in keinem notwendigen Zusammenhange. Man gebe die äußeren Zierraten preis, um den Kampf für das Wesentliche desto fester und energischer zu führen. In dem Aufgeben des lateinischen Aufsatzes liegt auch mit nichten ein „definitiver Bruch mit der Vergangenheit“. (Paulsen).

Ob mit den Extemporalien der behauptete Mißbrauch getrieben wird, bleibe dahingestellt. Gewiß wird man die halben und ganzen

Fehler des Extemporale nicht in mechanischem Rechenexempel zum Gradmesser des Wertes eines Schülers machen dürfen: das wäre unrichtig. Aber ganz zu entbehren ist das Extemporale nicht: es gewöhnt den Schüler an besondere Pünktlichkeit und Genauigkeit, giebt besonderen Anlaß zur Ausfüllung von Lücken und erweckt und unterhält das Bewußtsein der Pflicht, das wirklich zu leisten, was man leisten kann (so möchte ich die ethisch und sprachlich nicht unbedenkliche Bezeichnung „berechtigter Ehrgeiz" näher bestimmen). Demgemäß würde ich auch in die Abiturientenprüfung das griechische Skriptum wieder aufnehmen (vgl. hierher auch die vollkommen zutreffende Äußerung von Hermann S. 46).

Man hat neuestens die Notwendigkeit der klassischen Vorbildung insbesondere auch der Kenntnis des Lateinischen für die künftigen Theologen und Juristen bestritten. Nur „für die Hauslehrerzeit" brauche der Theologe Latein und Griechisch und „welcher Student studiert denn heutzutage das Corpus juris?" — so wird gefragt mit dem Zusatze: „das ist glücklicherweise ja auch nicht nötig". Nur mit Widerstreben mag man diese Äußerungen berühren. Es ist ja einfach undenkbar, wie das Studium der Theologie ohne Latein und Griechisch sollte erfolgen und wie ein Pfarrer ohne die Kenntnis der alten Sprachen sollte bestehen können. Die ganze Geschichte der theologischen Wissenschaft und Kirche und bei den Katholiken auch der ganze heutige Kultus ruhen auf den alten Sprachen: wer sagt, der Theologe brauche diese nur für die Hauslehrerzeit (von Richthofen), muß sich gefallen lassen, daß man seine Worte nicht ernst nimmt.

Und ebenso ist's bei den Juristen. Kein Student wird, selbst bei der unhaltbaren jetzigen preußischen Prüfungsordnung, nach welcher das Referendarexamen an Prüfungswert kaum auf der Höhe des medizinischen tentamen physicum steht, Referendar und weiterhin Assessor, ohne das Corpus juris studiert zu haben. Und glücklicherweise ist dies absolut nötig; weder das preußische Landrecht hat daran etwas geändert, noch wird es das Allgemeine deutsche Zivilgesetzbuch thun. Das Studium der Jurisprudenz ohne Latein ist völlig undenkbar. Zum Verständnis der Geschichte des Kirchenrechtes ist Griechisch gar nicht zu entbehren.

Doch all das sind schließlich Nebenpunkte. Die Aufgabe, eine Spezialvorbildung zu geben, hat das Gymnasium überhaupt nicht oder höchstens sehr in zweiter Linie (ausgezeichnet Hermann 39, 60).

Das Ziel der Gymnasialbildung ist vielmehr: in den Knaben und Jüngling die Keime zu legen, aus denen ein deutscher Mann erwächst: eine in allem Wechsel äußerer und innerer Erscheinungen sich selbst getreu bleibende Persönlichkeit, welche die Fähigkeit und den Willen besitzt, das Große groß und das Kleine klein zu nehmen. Ich könnte die Bestimmung des Gymnasiums wol mit einem kurzen Worte bezeichnen: Pflanzung und Pflege des Idealen. Wer dies Wort verstehen kann, der versteht es. Aber ich habe das Wort ängstlich vermieden. Wenn man es mit Gegnern zu thun hat, die das Ideal für „blauen Dunst" erklären und emphatisch ausrufen: Kein Ideal ohne praktische Zwecke! (von Richthofen), die verächtlich von „undefinierbarem Idealismus" sprechen, als ob je der Idealismus hätte physiologisch „definirt" werden können und die dann unmittelbar nachher doch unbegreiflicherweise darüber klagen, daß das Ideale in unserer Jugend durch die vielen Vokabeln erstickt werde (Preyer), dieser Art Gegnern gegenüber muß man auch das Wort Ideal vermeiden und nicht dem Irrtume verfallen, das Ideal demjenigen „definieren" zu wollen, der's nicht als heiligstes Geheimnis in der Seele trägt.

Einen mathematischen Beweis freilich dafür antreten zu wollen, daß die Lektüre der alten Klassiker von allem Bildungsstoff, welcher dem Geist und der Seele des Jünglings geboten werden kann, weitaus das Beste sei, ist unmöglich. Der historische Beweis aber hierfür ist wol zu führen. Unsere ganze deutsche Kultur beruht bis zu dieser Stunde auf dem klassischen Altertum. Die Renaissance des klassischen Altertums, welche von Italien ausging, hat das Geistesleben der ganzen modernen Welt, insbesondere das deutsche Geistesleben völlig neu gestaltet. Die große Reformation des XVI. Jahrhunderts war, als geistige Bewegung betrachtet, ein Stück jener großen Renaissance der klassischen Welt. Der intime Zusammenhang zwischen Reformation und Humanismus, wie er uns in Hutten, Reuchlin und besonders Melanchthon entgegentritt, war durch die Natur der Sache geboten; in aller Bescheidenheit wage ich zu zweifeln, ob Paulsen in seinem mehrerwähnten Buch über den gelehrten Unterricht der gewaltigen Geistesbewegung des Humanismus auch nur annähernd gerecht geworden ist. Und die neuerdings mehrfach aufgestellte Behauptung: die Kontinuität zwischen unserer heutigen Kultur und dem klassischen Altertum sei durch Luther unterbrochen worden (Preyer), ist reine Willkür. Der Mann, welcher seine tiefste Überzeugung dahin aussprach: „ego persuasus sum, sine litterarum peritia prorsus stare non posse sinceram theologiam — — video, nunquam fuisse insignem factam verbi Dei revelationem, nisi primo, velut praecursoribus, viam pararit surgentibus et florentibus linguis et litteris“, der konnte sicherlich in seinem welthistorischen Thun die Kontinuität mit dem Altertum nicht unterbrechen! Und durch alle folgenden Jahrhunderte ist die Geisteswelt der evangelischen Kirche im intimsten Zusammenhange geblieben mit der Geisteswelt des klassischen Altertums. Mit Recht sagt E. Curtius: „Der Geist des Altertums ist eine Macht der Gegenwart. Kein Volk hat sich diesen Segen so angeeignet, wie das deutsche; und seine bedeutendsten Thaten auf dem Gebiete der geistigen Entwicklung, die That der Reformation, wie die Vollendung seiner nationalen Litteratur beruhen auf der Befruchtung, welche der deutsche Geist aus dem Altertum gewonnen.“

Alle die Namen, vor welchen wir Deutschen als vor den großen Trägern unserer Kultur demütig und stolz zugleich unser Haupt beugen, soweit wir nicht dem realistischen Größenwahn des sog. jüngsten Deutschlands verfallen sind; alle die Namen, welche unserem deutschen Geistesleben die begeisterte Verehrung der Welt gewonnen haben, sind Namen von Männern, welche ganz erfüllt waren von der Hoheit des klassischen Altertums. Überblicken wir die geistige Entwickelung unseres Volkes seit dem XVI. Jahrhundert, so müssen wir es ganz unbegreiflich finden, wie ein so sorgsamer und ernsthafter Forscher wie Paulsen zu dem Schlusse gelangen konnte: „man kann doch wohl die ganze Kulturbewegung der letzten vier Jahrhunderte als die allmäliche Loslösung einer selbständigen modernen Kultur von der antiken beschreiben.“ Gerade das Gegenteil erscheint richtig: die Kulturbewegung der letzten vier Jahrhunderte ist die Aufnahme und immer tiefere Durchdringung des klassischen Altertums in unser deutsches Geistesleben. Selbst in unsere eigenste altdeutsche Welt sind wir erst wieder eingeführt worden durch die Wege des klassischen Altertums: ich erinnere an die Brüder Grimm, an Lachmann, Scherer.

Mit besonderer Energie betonen die Gegner der klassischen Vorbildung, daß die Welt des Altertums das deutsche Vaterlandsgefühl schädige, ja ertöte, und man hält sich jeder weiteren Begründung dieser Behauptung für überhoben, indem man einfach Goethe nennt. Und welches deutsche Herz zuckte denn auch nicht schmerzlich in dem Gedanken, daß, indes durch Deutschland der Begeisterungssturm der Freiheitskriege brauste und das ganze Volk zum Kampf gegen Napoleon aufstand, der größte Genius unseres Volkes seitab stand und in den phantastischen Gebilden des west-östlichen Divan, dessen wahrhaft schöne Perlen ja bekanntlich nicht von Goethe sondern von Marianne von Willemer sind, seine Seele ergötzte? Ja, der ganze Weimarer Kreis von „Oberpriestern" des Hellenentums war dem deutschen Vaterland einigermaßen entfremdet. Dem deutschen Vaterland — aber gab's denn damals ein deutsches Vaterland? Das deutsche Reich lag in Trümmern, und wer sollte sich denn für den Rheinbund oder für das deutsche Reich Sachsen-Weimar begeistern! Den Preußen jenes klassischen Gedankenkreises, wie Wilhelm von Humboldt, Niebuhr, Fichte, Schleiermacher wird doch niemand ein tiefes nationales Empfinden abzusprechen wagen. Und der universalste Geist des Weimarer Kreises, derjenige zugleich, welchem das Hellenentum wohl am allertiefsten in die Seele gedrungen war, Herder, hat die schmerzbewegten Worte, allerdings an die falsche Adresse, an Josef II., — doch dies war in jener Zeit wol begreiflich — gesungen:

„gib uns, wonach wir alle dürsten:
ein deutsches Vaterland."

Es gibt in der That nichts, was so geeignet wäre, die heilige Flamme der Vaterlandsliebe zu entzünden, zu nähren und zur gewaltigsten Begeisterung zu entfachen als die Vorbilder, die uns hierfür das klassische Altertum darbietet. Hierüber, sagt Herder, „mag der größte Held und Regent unserer Zeiten, der König von Preußen, Zeuge sein, dem wol niemand in Europa einen klaren, weitsehenden Blick absprechen wird: gute Übersetzungen aus den Alten hält er für das erste Hülfsmittel zur Bildung einer Nation und Sprache. Wie nützlich sie Jünglingen sein können, ist kaum zu sagen."

Aber nicht allein die Vaterlandsliebe leuchtet als ewiges Licht von den Altären des klassischen Altertums. Alles was schön und gut ist, das *καλὸν κἀγαθὸν* der Alten wird gepflegt und gestärkt durch die Lektüre der klassischen Schriftsteller: würde der große König Friedrich, „der Vielgewaltige, der Menschen zu Tausenden mit seinem eisernen Scepter führt", die Pflege des klassischen Altertums so warm und so in erster Linie den Deutschen empfohlen, die alten Klassiker als die auserwählten Werkzeuge der Geistesbildung erklärt haben, wenn er nicht davon überzeugt gewesen wäre, daß die Welt des klassischen Altertums die beste und edelste Zubereitung biete für die vollkommenste Erfüllung unserer Aufgaben in der modernen preußischen und deutschen Welt?

Noch hat der Geist der Menschheit keinen Ersatz hervorgebracht für die erhabenen Schätze des klassischen Altertums; noch steht unser heutiges Geistesleben im unmittelbarsten und ununterbrochenen historischen Zusammenhange mit der antiken Geisteswelt; noch vermögen wir nicht uns davon zu überzeugen, daß die moderne Naturforschung in ihren vielfach so unfertigen und unsicheren Ergebnissen eine Kost sei, kräftig genug, um unserer Jugend die Ideale des klassischen Altertums zu ersetzen; noch sind die meisten der besonderen Bildungszweige auf den Universitäten geradezu in ihrer Existenz bedingt von der Kenntnis des klassischen Altertums und der antiken Sprachen; noch wirken ungeschwächt, wenn auch mannigfach ergänzt, die Kräfte fort, welche seiner Zeit das klassische Altertum für die ganze europäische Kulturwelt zum Grundelement des geistigen Lebens erhoben; noch hat das Höchste unserer deutschen Kultur seine Wurzeln und seine Lebenskraft im klassischen Altertum, in jener „zauberischen Welt der ewigen Schönheit und des harmonischen Menschendaseins". Das Bessere, was man mit solcher Heftigkeit als Ersatz der klassischen Bildung für unsere Jugend sucht, ist nicht nur heute ein Ignoramus, sondern soweit Menschengedanken vorwärts reichen, ein Ignorabimus. Mit du Bois-Reymond (Deutsche Rundschau 1877, B. XIII) antworten wir auf die Frage: „wie ist der Gefahr einer banausischen Verflachung der Jugend vorzubeugen?" dahin: „Halten wir der die Ideale zergliedernden, was sie nicht in nüchternes Licht zu setzen vermag, verächtlich beiseite schiebenden, die Geschichte ihrer ergreifenden Macht, die Natur selber des reizenden Schleiers beraubenden Naturwissenschaft das Palladium des Humanismus entgegen. Wie er die Menschheit aus dem Verließe der scholastischen Theologie errettete, so trete er jetzt in die Schranken wider den neuen Feind harmonischer Kultur. Die von unvergänglichem Zauber umglänzten Menschen- und Göttergestalten des Altertums, die Sagen und Geschichten der mittelländischen Menschheit, in denen fast alles Schöne und Gute wurzelt, der Anblick einer Kultur, die zwar der Naturwissenschaft entbehrte, innerhalb welcher aber der Mensch den erhabenen Idealen um so reiner nachstrebte: sie sind es, von deren Entwickelung auf das jugendliche Gemüt am sichersten Heil im Kampfe gegen die mit eisernem Arme heute noch locker, bald jedoch enger und enger uns umschnürende Neobarbarei zu hoffen ist. Der Hellenismus halte den Amerikanismus von unseren geistigen Grenzen fern."

Reformbedürftig im einzelnen aber mögen unsere Gymnasien wol sein. Und der Reformgedanke, welcher mir hauptsächlich am Herzen läge, wäre: feste Konzentration des Gymnasialunterrichts durch möglichste Beseitigung des unglückseligen Fachlehrersystems unter prinzipieller Vereinigung des altsprachlichen, deutschen und historischen Unterrichts in der Hand des Ordinarius und durch Beendigung jener äußeren und inneren Zersplitterung des Unterrichts, welche die notwendige Folge der jetzigen Stellung des Französischen im Gymnasialunterricht ist. Der Lehrplan, welchen Thiersch 1829 für die bayrischen Gymnasien aufstellte und welcher speziell in den Gymnasien meiner fränkischen Heimat noch heute im wesentlichen befolgt wird, kommt diesem Ziel am nächsten. Paulsen bezeugt: „was unter dem Namen von Konzentration von allen gymnasialreformatorischen Bestrebungen seit den dreißiger Jahren gesucht wird, ist hier aufs vollkommenste ins Werk gesetzt. Innere Einheit, Einfachheit und durchgreifender Zusammenhang macht diesen Lehrplan zu einem in seiner Art vollkommenen."

Ich meinerseits bin in tiefster Seele davon überzeugt und müßte mich selbst für treulos und undankbar erklären, setzte ich nicht alle Kraft für diese Überzeugung ein, daß die deutsche Kultur verloren wäre und wir einem Zeitalter trostloser Barbarei entgegengingen, wenn wir nicht mehr mit der Empfindung eines tiefen inneren Glückes und als Ausdruck eines heißen Dankgefühles mit dem Dichter würden jubeln können:

„Und die Sonne Homers — siehe, sie lächelt auch uns!"

Nachwort.

Erst nachdem die vorstehende Rede gehalten war, sind mir zwei akademische Vorträge des Physiologen Hermann bekannt geworden, welche sich gleichfalls mit dem von mir behandelten Gegenstande beschäftigen. („Der Einfluß der Descendenzlehre auf die Physiologie", „Die Vorbildung für das Universitätsstudium, insbesondere das medizinische", zwei Züricher Rektoratsreden, Leipzig 1879.) Die edle Vornehmheit, welche jene Vorträge nach Form und Inhalt auszeichnet, berührt aufs wolthuendste gegenüber den ebenso phantastischen als übermütigen Pamphleten, wodurch andere Naturforscher diese tiefernste und für das geistige Leben der Nation geradezu entscheidende Frage der Gymnasialreform verwirren. Die Vorschläge von Hermann scheinen mir der ernstesten Beachtung wert: der maßvolle und würdige Reformgedanke Hermanns ruht auf der gleichen prinzipiellen Grundlage wie unsere obigen Ausführungen, was ich mit freudiger Genugthuung betone. Daß das Gymnasium die gemeinsame Vorbereitung allen, welche studieren wollen, bieten müsse, ist auch Hermanns Grundprinzip. Insbesondere für die Mediziner hält Hermann den humanistischen Bildungsgang für notwendig zur Abwehr der Gefar eines armseligen Utilitarismus: „Der Utilitarismus ist der entsetzlichste Feind aller Wissenschaft; er ist aber unserem Jahrhundert so sehr ins Blut übergegangen, daß die Einsichtigeren jede Gegenwirkung sorgfältig kultivieren müssen." Der tüchtige Jurist braucht genau die gleiche gymnasiale Vorbildung wie der tüchtige Mediziner, nämlich durchs klassische Altertum. Über den Vorbehalt des „einstweilen" rechten wir mit einem Naturforscher von der vornehmen Gesinnung Hermanns gewiß nicht: mit aller Ruhe stellen wir dies der Zukunft anheim, „θεῶν ἐν γούνασι κεῖται."

„Der klassische Gymnasialunterricht hält die Besseren zurück von dem leidigen Hineilen zu der direkt sich bezalt machenden praktischen Ausbildung, prägt ihnen Hochachtung ein für die freie Forschung jeder Richtung. Das Streben nach Wahrheit, das den Menschen mehr adelt als selbst der Besitz der Wahrheit, auch da zu lieben und zu bewundern, wo es auf Dinge verwendet wird, die dem beschränkten Fachstandpunkt unnütz und müßig erscheinen, muß dadurch anerzogen werden, daß man im Knaben und Jüngling Fachinteressen erst möglichst spät aufkommen läßt und hauptsächlich darauf ausgeht, ihm möglichst vielseitige Interessen einzuimpfen. Im Begriffe der Realschule liegt, mag auch in der von Realschulmännern Deutschlands betriebenen Agitation die Sache allmälich, indem immer ein Vorkämpfer den anderen übertraf, bis zur Entstellung übermalt worden sein, die ausschließliche Sorge für nützliche Kenntnisse."

Das sind goldene Worte eines Naturforschers, zeugend von hoher Gesinnung und wahrem wissenschaftlichen Ernste.

Besonders warnt auch Hermann davor, unsichere Resultate der Naturwissenschaft wie die Descendenzlehre zur Grundlage des Schulunterrichts zu machen. „Das Unsichere zur Grundlage des Unterrichts zu machen, wäre ebenso töricht, als es verkehrt wäre, in der Forschung selber die Theorie zu verschmähen, weil sie nur Theorie ist."

Zum Schlusse darf ich noch hervorheben, daß die große Mehrzal meiner Königsberger Kollegen ihre lebhafte Zustimmung zu dem Wesentlichen meiner obigen Auseinandersetzungen ausgesprochen hat, so daß die Grundgedanken derselben gewissermaßen als Wille und Überzeugung der Königsberger Universität betrachtet werden dürfen.

So schließe ich mit dem Wunsche Hermanns: „mögen die erhaltenden Kräfte auf das Wichtigste konzentriert werden; die Entscheidung ist schwer, nur die Einsicht vieler kann zu einer weisen Verständigung führen" — aber nicht phrasenhafte Massenpetitionen!

Druck von Leonhard Simion, Berlin SW.

FSC
www.fsc.org
MIX
Papier | Fördert
gute Waldnutzung
FSC® C083411

Kolibri 360 GmbH
Ferdinand-Jühlke-Straße 7
99095 Erfurt, Deutschland
produktsicherheit@kolibri360.de